coleção
Planeta saudável

energia solar

Tradução de
bara Menezes

Jim Pipe

callis

© 2010 do texto por Jim Pipe
Publicado originalmente por Aladdin Books Ltd, Londres, Inglaterra.
Traduzido da primeira publicação em língua inglesa intitulada
Solar power: energy for free?.

Direitos de edição em língua portuguesa adquiridos por
Callis Editora Ltda. por meio de contrato com Aladdin Books Ltd,
Londres, Inglaterra.
Todos os direitos reservados.
1ª edição, 2016

TEXTO ADEQUADO ÀS REGRAS DO NOVO ACORDO ORTOGRÁFICO DA LÍNGUA PORTUGUESA

Coordenação editorial: Miriam Gabbai
Editora assistente: Áine Menassi
Consultor científico: Rob Bowden
Tradução: Bárbara Menezes
Revisão: Aline T.K.M. e Ricardo N. Barreiros
Projeto gráfico: Rawiski Comunicação
Diagramação: Thiago Nieri

CIP-BRASIL. CATALOGAÇÃO-NA-FONTE
SINDICATO NACIONAL DOS EDITORES DE LIVROS, RJ

P735e

Pipe, Jim, 1966-
    Energia solar / Jim Pipe ; tradução Bárbara Menezes. -
1. ed. - São Paulo : Callis, 2016.
    32 p. ; 26 cm   (Planeta saudável)

    Tradução de: *Solar power: energy for free?*
    ISBN 978-85-7416-891-3

    1. Energia solar. 2. Sistemas de energia fotovoltaica.
3. Recursos energéticos. I. Título. II. Série

15-20271   CDD: 621
                                            CDU: 551

23/02/15   24/02/15

ISBN 978-85-7416-891-3

Impresso no Brasil

2016
Callis Editora Ltda.
Rua Oscar Freire, 379, 6º andar • 01426-001 • São Paulo • SP
Tel.: (11) 3068-5600 • Fax: (11) 3088-3133
www.callis.com.br • vendas@callis.com.br

Créditos das imagens:
(Abreviações: s – superior, m – meio, i – inferior, e – esquerda, d – direita) Todas as fotos pertencem a istockphoto, exceto: 5s, 15e: German Aerospace Center (DLR). 5i, 19sd, 19mdi, 26s: cortesia de Power Plastic®. 6-7: Concentrix Solar. 7md: Sandia. 13s: Forwardcom/Dreamstime. com. 14s, 24s, 27i (ambas): Solar Millenium AG. 18s: David Lloyd/Dreamstime.com. 18i: Suntech Power. 19se, 22 (ambas), 23 (ambas): NASA. 19i: Noon Solar. 20i: www.iea-pvps.org. 21sd: BP Angola. 21me & id: cortesia Watercone®. 24: Acciona Solar Power. 27sd: Siemens AG. 27m: US Department of Energy. 28s: JAXA. 28m: PlanetSolar. 28i: Büro North. 29se: dade72/Shutterstock. 29i: cortesia de Solar Sailor.

Sumário

5   Qual é a questão?

6 Por que a energia solar?

8   O que é energia solar?
10   Aquecimento passivo
12   Aquecimento solar

14 Coletores superquentes

16   Células solares
18   Usando células fotovoltaicas
20   Energia local
22   Energia solar no espaço
24   A revolução solar

26 Novas tecnologias

28   Direto da imprensa
30   Comparação com a energia solar
32   Glossário e recursos

Qual é a questão?

Energia solar é a transformação da energia do Sol em eletricidade ou a utilização dela para aquecer prédios e canos de água. Embora possam nunca vir a atender a todas as nossas necessidades energéticas, as enormes usinas de energia solar e os sistemas de aquecimento solar que estão sendo desenvolvidos atualmente têm a possibilidade de, um dia, ser uma fonte vital de energia, assim como os biocombustíveis, o vento, a água e a energia nuclear.

Usina solar
Os espelhos direcionam a luz do Sol para uma torre. As temperaturas superaltas atingidas fervem a água até ela virar vapor, movimentando as turbinas para gerar eletricidade.

A maior parte da nossa energia hoje vem do petróleo, do gás e do carvão. Quando são queimados, esses combustíveis fósseis liberam gases que contribuem para o aquecimento global, além de poluírem o ar. A energia solar é uma fonte limpa de energia e, diferentemente do suprimento de petróleo e gás, ainda vai durar bilhões de anos. Assim, a corrida agora é para encontrar maneiras baratas de captar a energia do Sol e armazená-la. Hoje em dia, a energia solar fornece apenas 0,5% da eletricidade do mundo (0,3% da energia primária), mas alguns especialistas preveem que esse número pode subir para 16% até 2040.

Energia instantânea
Este tapete converte a energia do calor do Sol em eletricidade para ligar um aparelho de MP3.

Por que a energia solar?

Fatos sobre a energia

Sol

10 m² = 2,5 kW

Quanta energia?

Em um dia ensolarado, você pode sentir o calor do Sol. Mesmo assim, em um dia, uma área de 10 m² recebe apenas a energia térmica equivalente a uma caldeira elétrica (2,5 quilowatts). Desse modo, se a energia solar tivesse que atender a todas as nossas necessidades de energia, seria necessário cobrir uma área de 500.000 km² com painéis solares, mais ou menos o tamanho da Espanha, ou 1/18 do tamanho do Saara.

Células solares
Células solares captam a luz do Sol e a transformam em eletricidade. Elas funcionam melhor em lugares onde o Sol brilha o ano todo.

A energia solar é obtida com os raios do Sol. O calor do Sol pode ser usado diretamente para esquentar água, cozinhar alimentos e aquecer prédios. Os motores solares térmicos empregam esse calor para ferver a água e transformá-la em vapor, movimentando turbinas que geram eletricidade. Já as células solares fotovoltaicas convertem a energia dos raios do Sol diretamente em eletricidade.

A quantidade de energia solar que chega à Terra a cada minuto é maior do que a energia de combustíveis fósseis que utilizamos o ano todo. Ela é limpa, renovável e pode ser usada localmente. Entretanto, no passado, os sistemas solares eram caros e de pouca credibilidade. Atualmente, novas tecnologias estão diminuindo esse custo. Ligar a energia solar a turbinas eólicas e represas hidrelétricas também poderia criar um fornecimento confiável de eletricidade dia e noite.

Está por toda parte!

Uma das vantagens da energia solar é que o Sol brilha em todos os lugares, embora as áreas mais próximas da Linha do Equador recebam muito mais luz solar do que aquelas perto dos polos Norte e Sul. Colocando painéis solares nos telhados das casas, não é necessário nenhum espaço extra e, diferentemente das usinas nucleares, de petróleo e de carvão, a poluição não é um risco.

Vantagens da energia solar

- A energia solar é renovável, já que o Sol vai continuar brilhando por bilhões de anos.
- Usar energia solar para gerar eletricidade não polui nem cria os gases do efeito estufa que contribuem para o aquecimento global.
- A energia solar não é barulhenta, ao contrário das turbinas eólicas.
- Depois que as células solares são instaladas, elas fornecem energia gratuita. Não há partes móveis que podem se desgastar.
- A energia solar possibilita o fornecimento de eletricidade para áreas remotas, onde as casas não estão ligadas à rede de energia... e até para o espaço.
- Os prédios que captam a energia solar usam uma maneira barata e eficaz de energia.

Desvantagens da energia solar

- As células solares são caras de produzir porque o material de que são feitas, silício, é difícil de ser escavado do solo e purificado.
- São necessários quatro anos para gerar energia suficiente com uma célula solar para compensar a quantidade de energia usada para produzi-la.
- O Sol não brilha à noite e, assim, a energia solar não será uma fonte confiável sem que seja encontrado um jeito eficaz de armazenar energia (baterias são caras).
- Seria necessária uma usina solar muito grande para fornecer a mesma quantidade de energia que uma usina de carvão ou nuclear fornece.
- Painéis solares não funcionam bem em áreas com muitas nuvens ou ar muito poluído.

Sistemas de energia solar

Aquecimento ativo
A energia térmica do Sol pode ser usada para aquecer a água de lares e piscinas. A maioria dos sistemas é instalada em telhados e emprega vidro para prender o calor do Sol.

Motores solares térmicos
Utilizam espelhos curvados para direcionar a energia do Sol até uma área pequena, criando altas temperaturas para esquentar a água e produzir vapor. Isso movimenta turbinas que geram eletricidade.

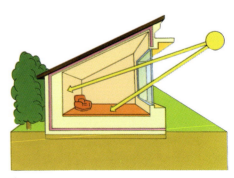

Aquecimento passivo
A luz do Sol é usada para aquecer e iluminar uma construção, utilizando vidro para prender o calor dentro dela.

O que é energia solar?

O Sol, uma enorme bola de gás em chamas, é a estrela mais próxima de nós. Como outras estrelas, recebe energia de um processo conhecido como fusão nuclear. No núcleo do Sol, as temperaturas altas (15 milhões de graus Celsius) e a gigantesca força da gravidade fazem com que átomos de hidrogênio transformem-se em átomos de hélio.

Essas reações criam quantidades enormes de energia. Essa energia sobe para a superfície do Sol e, depois, viaja para o espaço em todas as direções. Na Terra, a mistura de calor, luz e outros raios vindos do Sol pode ser usada para aquecer água e gerar eletricidade. É o que chamamos de energia solar.

Bola de fogo
O calor e a luz do Sol são criados por uma gigantesca reação nuclear no centro do Sol.

Fusão

No núcleo do Sol, átomos de hidrogênio unem-se para formar átomos de hélio e grandes quantidades de energia. Esses átomos de hidrogênio aparecem em duas formas diferentes, ou isótopos, chamados deutério e trítio. Os nêutrons extras que eles contêm (comparados com os átomos comuns de hidrogênio encontrados na água) também são liberados durante a fusão.

A fusão cria energia solar assim:

1. Isótopos de hidrogênio – deutério e trítio – são prensados uns contra os outros em temperaturas superquentes.

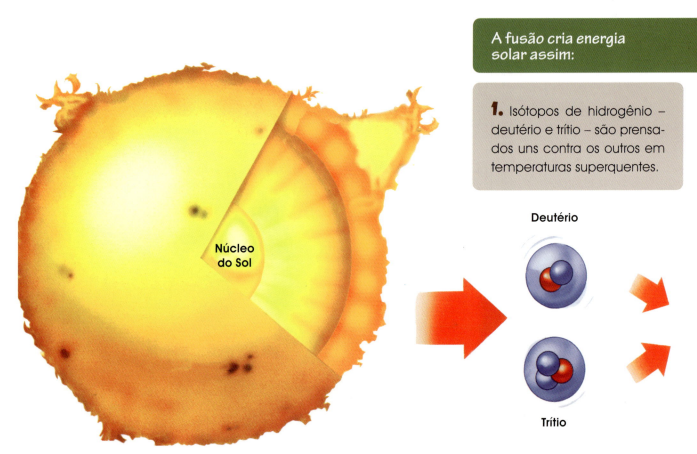

Núcleo do Sol

Deutério

Trítio

8 energia solar

Sol

Nossa fonte de energia

De maneiras diferentes, o Sol fornece quase toda a nossa energia. Ele esquenta o planeta, criando o sistema de climas que causa ventos e ondas, duas formas de energia renovável. Esse clima também gera chuva, enchendo os reservatórios que as represas usam para produzir energia hidroelétrica.

Também liberamos a energia do Sol ao queimarmos combustíveis fósseis, que são os resíduos de plantas e animais antigos que armazenaram a energia do Sol na forma de carbono em suas folhas e corpos.

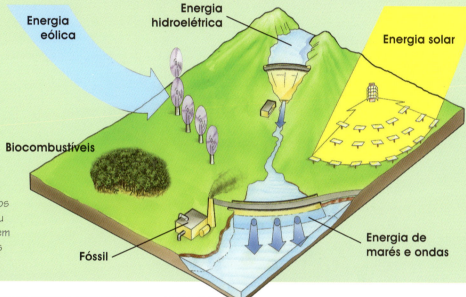

Energia eólica
Energia hidroelétrica
Energia solar
Biocombustíveis
Fóssil
Energia de marés e ondas

▲ **Painéis solares da natureza**
As folhas verdes de uma planta transformam a energia do Sol em açúcares e amidos. Essa energia é liberada quando comemos os produtos das colheitas. Os talos de madeira ou dos alimentos colhidos também podem ser queimados como biocombustíveis para gerar calor e eletricidade.

2. Isótopos de hidrogênio se fundem.

3. Um átomo de hélio é formado.

4. Enormes quantidades de energia são liberadas, além de nêutrons.

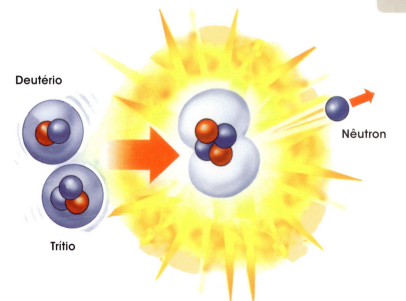

Deutério
Trítio
Nêutron

Energia invisível

O Sol também libera sua energia na forma de ondas invisíveis elétricas e magnéticas, como ondas infravermelhas, ondas de rádio e raios X. Raios invisíveis ultravioletas (UV) do Sol podem queimar sua pele se ela ficar exposta por muito tempo. Todos esses raios viajam pelo espaço na velocidade da luz, quase 300.000 km por segundo, percorrendo os 150 milhões de quilômetros do Sol até a Terra em apenas 8 minutos.

Fatos sobre a energia

Planeta Saudável 9

Aquecimento passivo

Há muitas maneiras de captar a energia térmica do Sol. Para criar o aquecimento passivo, as construções têm de ser projetadas viradas para o Sol e prender a energia solar empregando vidro e outros materiais.

No aquecimento ativo, coletores especiais são banhados com os raios do Sol e usam esses raios para aquecer água para banhos e piscinas. Esses coletores também utilizam vidro para prender o calor e são geralmente instalados em telhados. Em países quentes, a água simplesmente passa por uma caixa rasa exposta ao Sol.

Prender o calor
Quando as janelas estão viradas para o sul, elas recebem os raios do Sol o dia todo.

Prendendo o calor do Sol

Por milhares de anos, as pessoas têm usado a luz solar para aquecer e iluminar as casas. Muitas moradias modernas são projetadas especialmente para usar a energia solar dessa maneira. O vidro prende o calor dentro da construção e, depois, o ar circula a energia pela casa em geral, sem a necessidade de bombas ou ventiladores. As paredes e pisos são feitos de materiais grossos ou têm uma camada de isolamento que segura o calor. Eles mantêm a casa quente durante a noite, quando a temperatura do lado de fora cai.

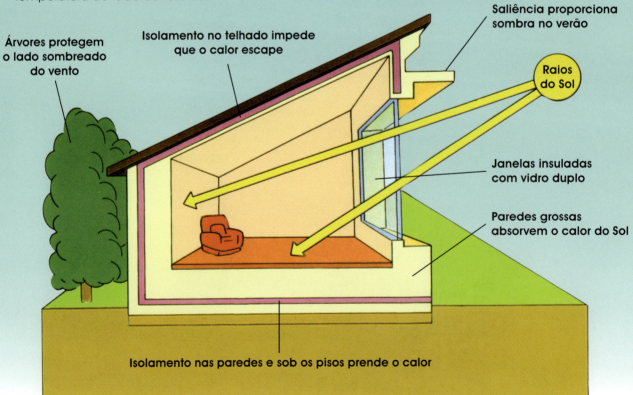

10 energia solar

> **Estufas**
> Os jardineiros usam estufas para prender o calor do Sol e cultivar plantas que precisam de ar quente para crescer. O telhado e as paredes de vidro deixam a luz solar entrar e prendem o calor lá dentro.

vidro, um material mágico

Tanto o aquecimento passivo quanto o ativo usam o vidro. Esse material incrível permite que a luz o atravesse enquanto bloqueia o vento e prende o calor. Em anos recentes, os fabricantes descobriram novas maneiras de tornar o vidro o mais transparente possível e, ao mesmo tempo, cobri-lo com um revestimento especial que ajuda a refletir o calor de volta para dentro das construções.

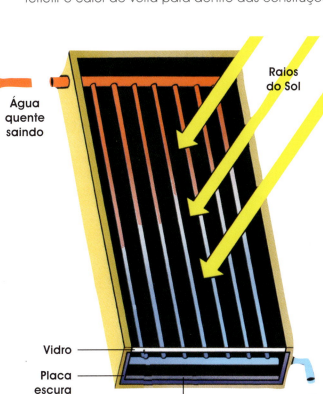

Coletores de calor ativo

Coletores planos são feitos de uma caixa de metal rasa com uma cobertura de vidro e uma placa de cor escura no fundo, já que superfícies escuras absorvem melhor o calor do Sol. O vidro prende o calor que a placa escura absorve. Depois, a água é lentamente bombeada por canos presos à placa e é aquecida.

A água quente passa para um trocador de calor, que transfere o calor e fornece água aquecida para banhos, preparo de alimentos, aquecimento de quartos à noite ou piscinas.

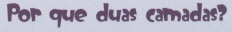

Por que duas camadas?

Janelas de vidro insulado têm dois painéis de vidro que prendem o ar entre eles. Como o calor atravessa o ar mais devagar do que o vidro, muito menos calor é perdido pela janela. Para um isolamento ainda melhor, painéis extras de vidro são instalados e gás de argônio é colocado no espaço entre eles, em vez de ar.

Planeta Saudável **11**

Aquecimento solar

Coletores planos funcionam muito bem em países quentes, como Israel, onde mais de 90% dos lares usam aquecimento solar. Eles também foram testados em larga escala em tanques enormes, conhecidos como lagos solares. No entanto, muito do calor escapa e, assim, em climas mais frios, como no Reino Unido, são usados coletores mais eficientes, conhecidos como tubos solares.

Países ensolarados, como a Grécia e a Arábia Saudita, também utilizam o calor do Sol para transformar a água do mar em água para beber.

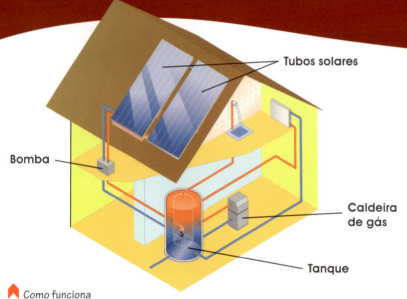

Tubos solares
Bomba
Caldeira de gás
Tanque

Como funciona
Os tubos solares podem fornecer toda a água quente de que uma casa precisa por 6 a 9 meses do ano. O fluido especial que eles aquecem desce para um tanque onde esquenta a água que as pessoas usam, igual a uma bobina elétrica em uma caldeira. Durante os meses de inverno, outra bobina, na parte superior do tanque, é aquecida por uma caldeira a gás ou *pellet* de madeira, levando a água à temperatura certa.

Tubos solares

Os tubos solares consistem em dois tubos de vidro forte. O tubo exterior é transparente, permitindo que a luz o atravesse. O tubo interior tem um revestimento escuro que absorve o calor do Sol e aquece o fluido dentro dele. Esse fluido transforma-se em gás, indo para a parte superior do tubo. Lá, ele aquece um cano preenchido com mais fluido, que está ligado a um tanque de água. O tubo pode aquecer a água mesmo em dias muito frios (até cerca de -40 °C).

Como uma garrafa térmica

O ar é bombeado para fora dos tubos solares, criando um vácuo como o que existe em garrafas térmicas. O calor do Sol atravessa lentamente o vácuo e, assim, 95% dele entra, escapando apenas 5%. Mesmo quando a temperatura dentro do tubo é de 150 °C, o tubo externo permanece frio.

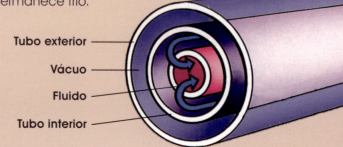

Tubo exterior
Vácuo
Fluido
Tubo interior

energia solar

Lago salgado, Tunísia.

De água salgada a água doce

O pouco suprimento de água doce é um grande problema em muitos países menos desenvolvidos da África e da Ásia. No futuro, pequenas instalações de tratamento de água com energia solar poderão ser usadas para transformar a água salgada do mar, ou água salobra de lagos salgados, em água pura para beber. As instalações utilizarão uma membrana especial que permite que o vapor da água salgada aquecida passe e se condense (vire água), deixando o sal para trás.

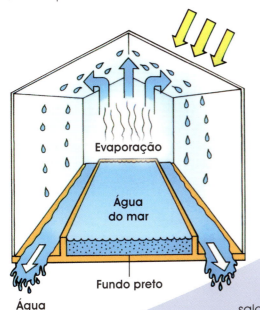

Instalação de destilação solar
A água do mar é derramada em tanques pintados de preto para absorverem o calor do Sol. Painéis inclinados de vidro são colocados no topo.
O calor do Sol faz a água evaporar e ela se condensa no vidro, deixando o sal no tanque. A água doce escorre pelos painéis de vidro até as valas e, depois, passa por canos até outro tanque, pronta para o uso.

Lagos solares

Lagos solares usam o calor do Sol para gerar eletricidade. Eles têm um fundo pintado de preto para captar esse calor. Eles são abastecidos com água salgada, que absorve mais calor do Sol do que a água doce.

Como funcionam:

1. A água mais salgada corre para o fundo, no qual a temperatura pode chegar a 90 °C.

2. Essa água quente é bombeada para uma caldeira, onde aquece um tanque de água doce à parte, transformando-a em vapor.

3. O vapor movimenta uma turbina, gerando eletricidade.

4. O vapor é depois resfriado pela água salgada e fria do lago, voltando a ser água.

Coletores superquentes

Vimos como o calor do Sol pode ser usado localmente para fornecer água quente e água para beber. Coletores solares também são utilizados em uma enorme escala para gerar eletricidade. Em usinas solares, conjuntos de espelhos direcionam a energia dos raios do Sol para um líquido, como sal derretido, criando temperaturas superquentes que são empregadas para ferver água e transformá-la em vapor. O vapor quente empurra turbinas, produzindo eletricidade para lares e fábricas. Em algumas usinas, esses motores térmicos solares trabalham ao lado de geradores que funcionam com petróleo ou diesel para fornecer energia dia e noite.

Energia solar concentrada

Quanto mais quentes ficam, maior é a eficiência dos coletores solares. Por isso, espelhos são usados para direcionar a energia do Sol para um ponto, criando temperaturas superquentes.

Esse método é conhecido como Energia Solar Concentrada (Concentrated Solar Power – CSP). Uma usina de Energia Solar Concentrada pode produzir eletricidade dia e noite, pois armazenar calor é muito mais barato e eficiente do que armazenar eletricidade.

Concentradores de energia
Concentradores de energia usam espelhos curvos para direcionar a luz do Sol para canos finos de aço, aquecendo o fluido dentro deles a 390 °C. Esse fluido depois passa por canos até um trocador de calor. Isso ferve a água até virar vapor, que é usado para movimentar as turbinas.

Seguindo o Sol

Ao seguir o caminho do Sol pelo céu, concentradores de energia recebem o benefício dos raios solares diretos o dia todo. O motor que os mexe pode ser movido por energia solar.

Manhã	Meio do dia	Tarde

14 energia solar

Torres solares

Existem planos para a construção de uma torre solar gigantesca de 150 MW na cidade de Palm Springs, na Califórnia, que fornecerá energia para 90.000 lares. Cerca de 18.000 espelhos móveis, ou helióstatos, vão seguir o Sol enquanto ele se move pelo céu. Eles direcionarão a luz para a torre de 164 metros de altura, aquecendo o sal dentro dela a temperaturas tão altas (até 500 °C) que ele derreterá. O calor do sal será usado para ferver água e transformá-la em vapor para girar uma turbina. O calor poderá ser liberado até sete horas depois, à noite ou quando o tempo estiver nublado.

Fatos sobre a energia

Fornalhas solares

A fornalha solar de Odeillo, na França (abaixo), tem 63 helióstatos, cada um com 6 metros de altura, que refletem em um espelho de 40 metros feito de 9.130 refletores.

O sistema de reflexão dupla de uma fornalha solar cria temperaturas de até 3.800 °C. Ao direcionar a energia solar para um único ponto, o grande refletor aumenta o calor do Sol em até 1.500 vezes.

Torre solar PS10
A primeira torre comercial do mundo foi construída em 2007, em Almeria, na Espanha. Hoje, na mesma região, já existe uma segunda estação solar. Juntas, elas geram 71MW/h de energia por ano, o suficiente para abastecer a cidade de Sevilha.

Como uma fornalha solar funciona

1. Concentradores feitos de espelhos móveis, ou helióstatos, refletem a luz do Sol para um grande espelho curvado.

2. O grande espelho direciona todos os raios do Sol para um coletor, cheio de líquido que mantém o calor por bastante tempo.

3. O líquido é bombeado para contêineres. Quando a energia é necessária, o líquido corre para um trocador de calor, onde aquece a água e produz vapor para movimentar uma turbina.

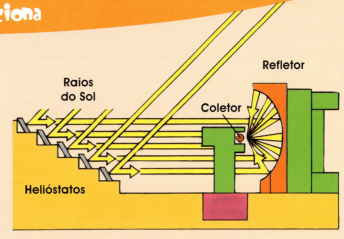

células solares

Vimos como a energia solar pode ser usada para transformar a água em vapor e movimentar uma turbina. Na década de 1960, cientistas desenvolveram células solares que podem capturar a energia dos raios do Sol e transformá-la diretamente em eletricidade.

Feitas de minúsculas lascas de silício revestido com uma química especial, células fotovoltaicas modernas podem transformar mais de 25% da luz do Sol que chega até elas em eletricidade. Pequenas células solares geralmente fornecem energia para relógios e calculadoras. Em parques solares, no entanto, um número muito grande de células fotovoltaicas é colocado em grandes painéis virados para o Sol.

Células solares fotovoltaicas
Um grupo de células solares é chamado de painel solar. As células são unidas por um circuito elétrico.

Parque solar fotovoltaico
Mais de 100.000 painéis solares são agrupados em um parque solar de 35 MW, fornecendo energia suficiente para 20.000 lares.

Fatos sobre a energia

Trazendo energia para uma casa

No Reino Unido, uma casa típica utiliza cerca de 1.000 quilowatts-hora de eletricidade a cada ano para iluminação e uso de aparelhos domésticos, como refrigeradores, máquinas de lavar, televisores e computadores. Para tanto, usando apenas a energia do Sol, um painel solar de cerca de 9 m² de área seria necessário em um telhado virado para o sul, área ensolarada durante a maior parte do dia.

▶ **Produzindo células fotovoltaicas**
Até recentemente, a maioria das células solares era feita de silício muito puro, quase sem defeitos. O processo para purificar o silício era complicado e caro. Equipes de cientistas de todo o mundo estão procurando agora métodos e materiais mais baratos, como folhas incrivelmente finas de plástico, umas sobre as outras, ou minúsculas esferas de silício fechadas em folhas de alumínio.

Como as células solares funcionam

Quando a luz do Sol atinge uma célula solar, essa energia faz partículas muito pequenas chamadas elétrons pularem, gerando eletricidade.

1. A luz solar passa pela cobertura de vidro da célula e atinge átomos em duas camadas separadas de silício.

2. Uma camada, a **n**, ou negativa, reúne os elétrons que pulam da camada **p**, ou positiva.

3. Quando os elétrons pulam de uma camada de silício para outra, a eletricidade é gerada.

Planeta Saudável **17**

Usando células fotovoltaicas

As células solares podem ser usadas para fornecer energia para todos os tipos de aparelhos, em especial itens leves, de baixo consumo energético, como calculadoras. Nelas, as células fotovoltaicas estão ligadas a baterias recarregáveis. Telefones em estradas, parquímetros, sinalizações iluminadas de rodovias e luzes de pontos de ônibus podem funcionar com a energia gerada por células solares. Casas e apartamentos podem utilizá-las para fornecer eletricidade.

Células solares são capazes de produzir energia para transporte sem gerar poluição, mas apenas para veículos leves, como carrinhos de golfe, pois há espaço limitado para células solares no teto. No entanto, a eletricidade que sobra de instalações muito maiores, como o telhado de uma casa, pode ser empregada para carregar um carro elétrico durante as horas de pico, quando o Sol está brilhando com intensidade.

Faróis solares
A Guarda Costeira dos EUA depende quase que totalmente da energia solar em suas boias e faróis. Na Austrália, painéis fotovoltaicos são usados na geração de energia para telefones em áreas rurais.

Estádio solar
Painéis solares forneceram energia para o estádio "Ninho de pássaro" na Olimpíada de Pequim, em 2008.

◀ **Helios**
Este avião fica no ar por bastante tempo para estudar padrões climáticos. A energia dos seus motores vem de painéis solares nas asas.

1. Iluminação solar.

2. Parquímetros solares.

3. Brinquedos com energia solar.

4. Bolsas podem fornecer energia para celulares ou aparelhos de MP3.

Transporte solar

Cientistas e engenheiros adaptaram a energia solar para aviões, carros e barcos. A corrida Desafio Solar Americano de 2010 compreendeu mais de 1.760 km em Oklahoma e Illinois, nos EUA, utilizando nada além de luz do Sol. O carro vencedor teve uma velocidade média de mais de 74 km/h.

Fatos sobre a energia

Quebrando recordes com energia solar

1981 A aeronave Solar Challenger voou 280 km da França para a Inglaterra e atingiu uma altura de 3.300 metros. Tinha mais de 16.000 células solares em suas asas.

1996 O navegador japonês Kenichi Horie cruzou o Oceano Pacífico em um barco com motor movido a energia solar.

1998 O avião comandado por controle remoto Pathfinder atingiu a altura recorde de 24.000 metros acima do nível do mar.

2001 O Helios sem piloto (acima) atingiu uma nova altura recorde de 29.524 metros. Suas 14 hélices recebiam energia de 62.120 células solares espalhadas pela parte superior da sua asa de 75 metros de extensão.

2007-8 O carro Solartaxi com energia solar circulou pelo mundo. Ele percorreu 50.000 km em 18 meses e cruzou 40 países.

2013 O primeiro ônibus elétrico movido a energia solar foi colocado em circulação na cidade de Adelaide, na Austrália (uma versão experimental já operava desde 2008). Totalmente movido a energia solar, o ônibus possui 11 baterias, que são carregadas por um sistema fotovoltaico instalado na central de ônibus da cidade. Em seu primeiro ano em circulação, o Tindo teria evitado a emissão de 70 toneladas de dióxido de carbono. Com wi-fi e ar-condicionado, o Tindo acomoda cerca de 40 pessoas (25 sentadas) e é gratuito para os passageiros.

Energia local

Embora a energia solar funcione melhor em países ensolarados, novas tecnologias permitem que dê bons resultados também em regiões mais frias. Ela até já foi usada para alimentar bases científicas na Antártica e em pequenas cidades no norte do Canadá (Ártico). A energia solar é boa para quem vive em áreas remotas ou partes menos desenvolvidas do mundo, que estão "fora da rede", o que significa que não há linhas de energia elétrica ou redes de gás e canos de petróleo para fornecer combustíveis.

Países mais desenvolvidos

Muitos países europeus oferecem concessões para incentivar proprietários de casas a instalar painéis solares em seus telhados e vender a energia extra de volta para a rede nacional. No Japão, o governo espera que, até 2020, painéis solares sejam instalados em mais de 70% das novas casas, enquanto, nos EUA, o estado de Massachusetts montou um esquema que fornece painéis solares baratos para donos de casas, escolas e empresas.

Cidades solares
Estão surgindo por todo o mundo. Este condomínio para habitação na cidade de Amersfoort, nos Países Baixos, funciona com a eletricidade vinda das células solares dos telhados. No Japão, cerca de 75% das casas de Pal Town (80 km ao noroeste de Tóquio) têm painéis solares.

Escola com energia solar
A escola Star, no Arizona, EUA, foi a primeira a utilizar apenas energia solar.

Energia comunitária na África

A energia solar é ideal para muitas partes da África. Esta vila (à direita) em Botsuana é alimentada por energia solar, que fornece eletricidade para a iluminação das ruas e dos prédios comunitários, como a escola e o centro médico. No Marrocos, um projeto alemão concluído em 2008 equipou 40.000 lares com painéis fotovoltaicos.

Programa solar da Índia

Na Índia, a energia solar é usada para fornecer água doce e iluminação para vilas sem fiação elétrica. No início de 2009, mais de 435.000 sistemas domésticos de iluminação, 700.000 lanternas solares, 7.000 bombas de água com energia solar e 635.000 fogões solares foram instalados como parte do programa de Eletrificação de Vilas Remotas do país.

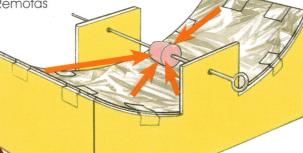

Fogão solar
Os raios solares podem ser direcionados para criar calor suficiente para o preparo de alimentos. Isso evita a necessidade de recolher lenha para cozinhar, o que pode levar muitas horas em áreas longe de florestas. Em um fogão solar, peças curvadas de metal brilhante refletem a luz do Sol em uma pequena área, seja um forno ou um anel de metal que segure uma panela ou chaleira. Conforme o Sol se movimenta, o fogão solar pode ser ajustado para ficar de frente para ele.

Destilador solar

Um novo dispositivo, o Watercone, usa o calor do Sol para transformar a água salgada em água para beber.

1. A água salgada é colocada na panela preta.

2. A panela preta absorve o calor do Sol, fazendo a água evaporar.

3. A água evaporada condensa-se na parede interna do cone e escorre para o fundo.

4. O cone é erguido da panela preta, a tampa é desenroscada e a água fresca é retirada.

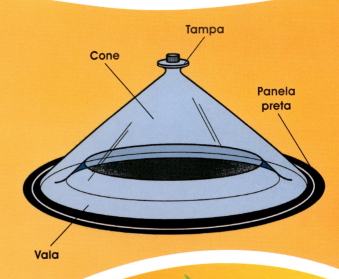

Planeta Saudável 21

Energia solar no espaço

Células solares podem ser usadas para fornecer energia a naves espaciais. No espaço, a luz do Sol é mais intensa já que não há nuvens ou atmosfera para atrapalhar. Os satélites têm células solares em toda a sua volta, uma vez que giram o tempo todo. Essas células fornecem energia para os computadores, câmeras e rádios a bordo. Equipamentos maiores, como o telescópio espacial Hubble, têm painéis planos que se abrem como asas. A maioria dos painéis solares pode ser girada conforme o equipamento se move e, assim, sempre apontar para o Sol.

Células solares
Astronautas consertando um satélite no espaço. Repare nos painéis solares em volta da parte externa do satélite.

Estação Espacial Internacional

A Estação Espacial Internacional que orbita a até 420 km da Terra recebe energia de um grande conjunto de painéis solares, colocados em quatro pares de asas.

Cada conjunto tem cerca de 375 m² de área e 58 m de comprimento. Os conjuntos solares seguem o Sol para aumentar a quantidade de energia solar e têm uma produção total de 110 kW.

Painel solar

energia solar

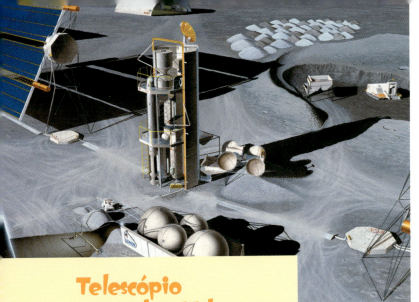

Coletores lunares

Alguns cientistas sugeriram a colocação de coletores solares na Lua e em alguns planetas para armazenar energia do Sol. Isso criaria um suprimento de eletricidade pronto para futuras missões e colônias espaciais.

Outros propuseram a montagem de uma usina de energia solar na Lua, que emitiria a energia para a Terra por meio de micro-ondas.

Telescópio espacial Hubble

Cada asa do telescópio espacial tem um lençol de células que gera 2,8 kW de eletricidade. Parte da energia é armazenada em baterias a bordo, para que o Hubble possa funcionar enquanto está na sombra da Terra (o que dura cerca de 36 minutos a cada órbita de 97 minutos).

Astromóveis com energia solar

Em janeiro de 2004, duas naves pousaram em Marte levando os astromóveis exploradores Spirit e Opportunity. Eles logo percorreram o Planeta Vermelho e enviaram fotografias incríveis para a Terra. Os astromóveis recebiam energia de painéis solares que podiam gerar até 140 watts por cerca de quatro horas a cada dia marciano, ou "sol".

A energia era armazenada em baterias recarregáveis para ser utilizada à noite. Embora, em julho de 2007, grandes tempestades de areia tenham bloqueado a luz do Sol, os astromóveis voltaram a funcionar depois de as tempestades passarem. Em órbita marciana desde 2014, a sonda espacial Maven conta com painéis solares que geram cerca de 1.200 watts de eletricidade.

Telescópio

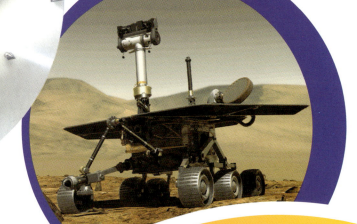

A revolução solar

A energia solar é uma das indústrias que crescem mais rápido no mundo. Em 2000, quase 90% da eletricidade gerada por energia solar do mundo era produzida na usina Kramer Junction, no deserto de Mojave, na Califórnia, EUA. Agora, grandes parques solares (à direita) estão sendo construídos em todo o mundo e dúzias de outros se encontram em planejamento.

Em 2013, a capacidade total instalada no mundo superou os 139 GW, produzindo o equivalente ao consumo energético de 45 milhões de lares. A inovação rápida fará com que a próxima geração de células solares capte muito mais energia e custe bem menos do que hoje em dia.

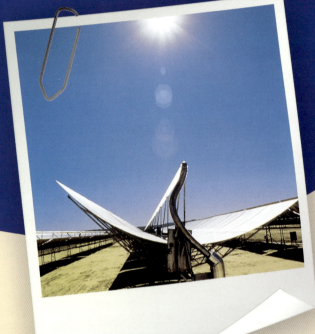

Solar One
Este parque solar de 64 MW em Nevada, nos EUA, aproveita concentradores de energia para transformar o calor do Sol em eletricidade usando turbinas. Parques assim serão uma paisagem cada vez mais comum em países ensolarados.

Torres de resfriamento — Turbinas
Fileiras de concentradores de energia

24 energia solar

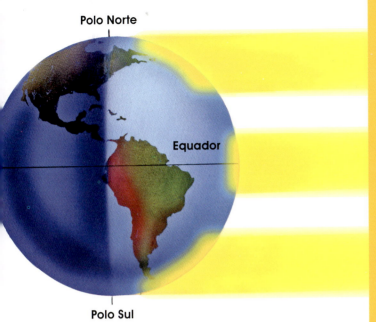

Pelo planeta

Os raios de Sol atingem a Terra de forma desigual: áreas próximas ao Equador recebem bem mais raios do que aquelas perto dos polos. Assim, os painéis solares funcionam melhor em lugares como a Austrália, a África e o sudoeste dos Estados Unidos.

Fatos sobre a energia

Qual é o maior parque solar?

Nos últimos anos, novos parques solares têm competido para se tornarem o "maior do mundo".
Desert Sunlight Solar Farm (Califórnia, EUA) – 550 MW
Topaz Solar Farm (Califórnia, EUA) – 550 MW
Agua Caliente Solar Project (Arizona, EUA) – 290 MW
California Valley Solar Ranch (Califórnia, EUA) – 250 MW
Charanka Solar Park (Patan, Índia) – 221 MW
Golmud Solar Park (Qinghai, China) – 220 MW
Meuro Solar Park (Brandenburg, Alemanha) – 166 MW
Entretanto, parques solares devem ficar ainda maiores, com planos para estabelecimento em:
Xinjiang, China – 1.000 MW
Rajastão, Índia – 4.000 MW
Queensland, Austrália – 2.000 MW
Um megawatt (MW) de eletricidade fornece energia suficiente para cerca de 600 lares europeus típicos.

Uma indústria sedenta

Os parques solares ocupam muito espaço e, assim, funcionam melhor em áreas desertas perto de grandes cidades. No entanto, um grande parque também usa bilhões de litros de água para resfriar essas áreas secas, onde a água é escassa. Como resultado, planos para alguns parques solares foram recusados devido à oposição de fazendeiros locais e ambientalistas por causa dos suprimentos de água.

Armazenamento de energia solar

Armazenar energia solar pode ser difícil, mas o calor tem possibilidade de ser armazenado com mais facilidade. Água quente o bastante para o uso em lares e escritórios pode ser armazenada se for convertida em vapor de alta pressão. Geradores a vapor conservam calor por até 16 horas, o suficiente para durar toda a noite. É possível armazenar a energia solar de forma barata em altas temperaturas usando sal derretido, como foi mostrado por torres solares de teste construídas na década de 1990.

Os cientistas também estão tentando usar a energia solar para produzir o gás de hidrogênio que é utilizado nas células de combustível. No futuro, elas podem ser empregadas em grande escala para fornecer energia para carros e prédios.

Painéis superfinos
Power Plastic é um material fotovoltaico que capta tanto a luz interna quanto externa e a transforma em eletricidade. Pode ser instalado em todo tipo de produto.

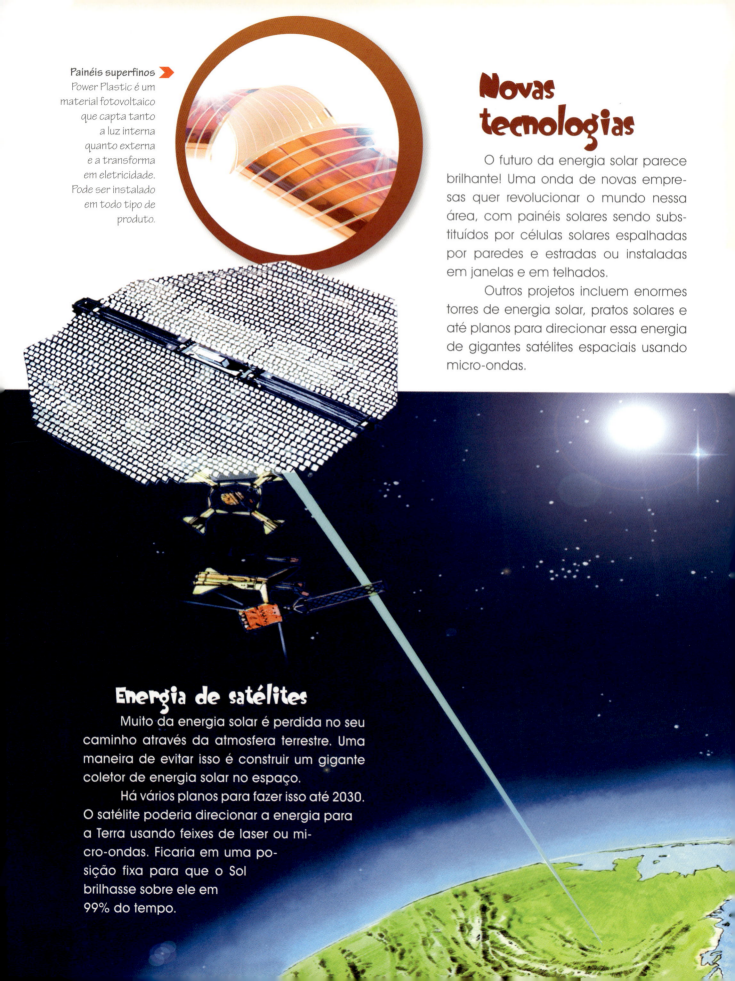

Novas tecnologias

O futuro da energia solar parece brilhante! Uma onda de novas empresas quer revolucionar o mundo nessa área, com painéis solares sendo substituídos por células solares espalhadas por paredes e estradas ou instaladas em janelas e em telhados.

Outros projetos incluem enormes torres de energia solar, pratos solares e até planos para direcionar essa energia de gigantes satélites espaciais usando micro-ondas.

Energia de satélites

Muito da energia solar é perdida no seu caminho através da atmosfera terrestre. Uma maneira de evitar isso é construir um gigante coletor de energia solar no espaço.

Há vários planos para fazer isso até 2030. O satélite poderia direcionar a energia para a Terra usando feixes de laser ou micro-ondas. Ficaria em uma posição fixa para que o Sol brilhasse sobre ele em 99% do tempo.

Redes e prédios inteligentes

No futuro, redes inteligentes permitirão que a eletricidade extra gerada em residências ou fazendas seja vendida para a rede de energia; em alguns países, como a Alemanha, isso já acontece. Edifícios inteligentes já são realidade, ainda que não amplamente disseminados. Exemplos: edifícios do Syracuse Center of Excellence e o edifício da Universidade de Notre Dame.

Projetos de algumas empresa possibilitam sistema de energia inteligente com utilização otimizada, de forma a evitar desperdícios e reduzir custos.

Células solares em spray

Várias empresas do mundo estão trabalhando para desenvolver células solares de plástico líquido que podem ser espirradas com spray ou pintadas em prédios, carros, janelas ou estradas. Algumas usam células ultrapequenas com menos de ¼ do tamanho de um grão de arroz. Outras desenvolveram células solares com uma superfície áspera que vai absorver mais luz do Sol.

Pratos de energia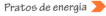
Uma inovação é o prato solar que direciona o calor do Sol para um pequeno gerador. Ele funciona como uma fornalha solar de tamanho reduzido (página 15).

Chaminé solar

Em 1981, uma usina solar com chaminé foi construída perto de Manzanares, 150 km ao sul da capital da Espanha, Madri. Ela era cercada por uma enorme estufa circular. O ar frio entrava na estufa pelas laterais e era aquecido pelos raios do Sol. O ar quente subia pela torre a mais de 50 km/h. O ar em movimento girava turbinas de vento ligadas a geradores que produziam eletricidade. Embora o projeto de Manzanares tenha terminado, uma torre de energia solar está planejada para a Austrália e terá 990 metros de altura. Ela poderá, um dia, gerar eletricidade para 200.000 lares.

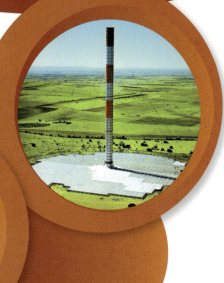

Planeta Saudável 27

Vela solar da nave IKAROS.

Direto da imprensa

Nave solar

Em 21 de maio de 2010, a JAXA, agência de exploração espacial japonesa, lançou em órbita com sucesso a primeira nave completamente movida a energia solar do mundo. A nave é chamada IKAROS em homenagem ao jovem da mitologia grega que voou perto demais do Sol.

A enorme vela solar da IKAROS, com 20 metros de diâmetro, é coberta por um fino filme de células solares para gerar energia. A nave passará seis meses viajando até Vênus e, depois, iniciará uma jornada de três anos até o lado mais distante do Sol.

Pelo mundo

O maior navio de energia solar do mundo, PlanetSolar, foi lançado em 2010. Ele tem cerca de 500 m² de painéis solares fotovoltaicos. Esses painéis fornecem energia suficiente para permitir uma velocidade média de 8 nós (15 km/h), com uma velocidade máxima duas vezes maior que essa média. Em 2012, o PlanetSolar completou a volta ao mundo.

◀ PlanetSolar, o maior navio movido a energia solar do mundo.

Árvores solares

Uma ideia nova são as "árvores solares" para parquinhos de escolas. Essas estruturas enormes parecem guarda-sóis, mas têm painéis solares na parte superior.

Os guarda-sóis giram e, portanto, podem ser ajustados para pegar sol de qualquer ângulo. Também servem como sombra para as crianças brincarem, perfeitos para um clima quente, como o da Austrália. Árvores solares que fornecem sombra e podem carregar carros elétricos foram instaladas no centro da General Motors, nos EUA.

◀ "Árvores" solares oferecem sombra e eletricidade.

Maior ponte solar do mundo

Em 2014 foi inaugurada a maior ponte solar do mundo em Londres. A Blackfriars Bridge conta com 4.400 painéis solares instalados sobre a nova plataforma da estação ferroviária que leva o mesmo nome. Ao todo, os painéis fotovoltaicos ocupam uma área de 6.000 m² e geram cerca de 900.000 kWh de eletricidade por ano, suprindo metade da demanda de energia da estação.

Células solares orgânicas funcionam com pouca luz

Equipes de cientistas de todo o mundo estão desenvolvendo células fotovoltaicas orgânicas que contêm carbono. No futuro, essas células poderiam gerar muita energia sem serem tão caras quanto as células fotovoltaicas de silício atuais.

Essas células produzem eletricidade mesmo com pouquíssima luz ou em ambientes fechados, abrindo uma nova gama de aplicações. Os materiais são ultrafinos e muito flexíveis. As células solares transparentes também podem ser colocadas sobre janelas, criando um vidro que gera energia.

"Células fotovoltaicas orgânicas podem captar energia no escuro, dos raios infravermelhos que nós não conseguimos ver!"

Combinando energia solar e eólica

Uma empresa australiana concebeu um design que combina energia solar e eólica em uma vela solar. As asas movimentam-se automaticamente, seguindo o Sol para criar o melhor equilíbrio entre energia solar e eólica. Em condições com muito vento, as velas dobram-se para baixo.

Velas solares do tamanho de jatos Jumbo foram desenvolvidas para navios cargueiros. Elas poderiam reduzir o custo do combustível em cerca de 30%, além de fornecer um pouco de eletricidade para o navio.

Vela solar.

Comparação com a energia solar

Embora combustíveis fósseis sejam baratos, eles liberam dióxido de carbono na atmosfera, causando poluição e aquecimento global. A energia solar e outras formas de energia renovável reduzirão o problema, mas podem ser capazes de atender a apenas 20% das nossas necessidades energéticas. A energia nuclear poderia nos fornecer o restante, mas os reatores são muito caros e a construção deles leva anos.

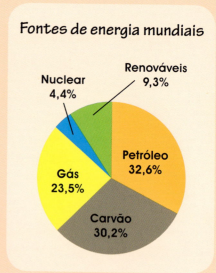

Fontes de energia mundiais
- Nuclear 4,4%
- Renováveis 9,3%
- Petróleo 32,6%
- Carvão 30,2%
- Gás 23,5%

ENERGIA NÃO RENOVÁVEL

Petróleo

Prós:
O armazenamento, o transporte e o uso do petróleo são baratos e fáceis.

Contras:
O petróleo não é renovável e está ficando mais caro extraí-lo do solo. Queimar o petróleo libera uma grande quantidade de gases do efeito estufa. Vazamentos de petróleo, especialmente no mar, causam grande poluição.

Gás

Prós:
O gás é relativamente barato e produz menos gases do efeito estufa que o petróleo e o carvão.

Contras:
Queimar o gás libera dióxido de carbono. O gás não é renovável e as reservas mundiais são limitadas. Os canos de gás podem prejudicar as rotas de migração de animais, como as renas.

Carvão

Prós:
O carvão é barato e suas reservas devem durar mais de 150 anos.

Contras:
Usinas a carvão liberam a maior parte dos gases do efeito estufa. Também produzem dióxido de enxofre, provocando a chuva ácida. A mineração de carvão pode ser muito destrutiva para a paisagem.

Nuclear

Prós:
A energia nuclear é constante e confiável e não contribui para o aquecimento global.

Contras:
Não é renovável, já que o urânio (o principal combustível nuclear) em algum momento vai acabar. Os resíduos nucleares são tão perigosos que precisam ser enterrados por milhares de anos. Existe também o risco de acidente nuclear.

energia solar

ENERGIA RENOVÁVEL

Energia solar

Prós:
A energia solar não precisa de combustível, é renovável e não polui.

Contras:
Campos de energia solar que usam células fotovoltaicas ainda são relativamente caros; o custo é alto para a quantidade de energia que produzem. Não são confiáveis a menos que sejam utilizados em um clima com muito sol.

Energia eólica

Prós:
A energia eólica não precisa de combustível, é renovável e não polui.

Contras:
O vento é imprevisível e, assim, os campos de energia eólica precisam de uma fonte alternativa. Pode haver perigos para bandos de aves. São necessárias milhares de turbinas a vento para produzir a mesma energia de uma usina nuclear.

Energia hidrelétrica

Prós:
A energia hidrelétrica não precisa de combustível, é renovável e não polui.

Contras:
A construção de hidrelétricas é cara. Uma grande represa inunda uma enorme área rio acima, gerando impacto nos animais e nas pessoas da região. As áreas inundadas liberam metano, um gás do efeito estufa.

Energia geotérmica

Prós:
A energia geotérmica não precisa de combustível, é renovável e não polui.

Contras:
Não há muitos locais adequados para uma usina geotérmica, já que são necessárias rochas quentes do tipo certo e não muito profundas. O vapor pode "acabar". Gases venenosos do subsolo tornam-se um perigo.

Biocombustíveis

Prós:
Biocombustíveis são baratos e renováveis e podem ser feitos com resíduos.

Contras:
Cultivar biocombustíveis para geração de energia restringe a terra disponível para alimentos e reduz recursos vitais, como água doce. Igualmente aos combustíveis fósseis, os biocombustíveis podem produzir gases do efeito estufa.

Energia maremotriz

Prós:
A energia maremotriz não precisa de combustível, é confiável, renovável e não polui.

Contras:
As máquinas de energia maremotriz são caras de construir e fornecem energia por cerca de 10 horas por dia, quando a maré está realmente subindo ou descendo. Não é uma maneira eficiente de produzir eletricidade.

Glossário e recursos

Aquecimento ativo: captar a energia do calor do Sol e usá-la para aquecer a água para banhos e piscinas.

Aquecimento global: um aquecimento da superfície da Terra. Muitos cientistas preveem que o aquecimento global pode levar a mais enchentes, secas e aumento dos níveis do mar.

Aquecimento passivo: usar a luz do Sol para aquecer e iluminar um prédio, geralmente usando vidro para prender o calor lá dentro.

Atmosfera: a grossa camada de ar que circunda a Terra.

Célula fotovoltaica: uma célula solar que transforma a luz do Sol diretamente em eletricidade.

Chaminé solar: uma alta torre na qual o ar aquecido pelo Sol gira turbinas de vento para gerar eletricidade.

Clima: as temperaturas médias de uma região durante um longo período.

Coletor solar: um dispositivo que prende o calor do Sol.

Combustível fóssil: um combustível como carvão, petróleo ou gás, que é formado no subsolo com os resíduos de plantas e animais pré-históricos.

Efeito estufa: o aquecimento global causado por gases liberados por ação humana, como o dióxido de carbono e o metano, que prendem o calor do Sol na atmosfera.

Fornalha solar: uma usina que usa espelhos para direcionar o calor do Sol, fervendo a água até virar vapor, que movimenta uma turbina.

Fusão: quando dois átomos se juntam, o que libera grandes quantidades de energia.

Helióstato: Um espelho móvel que segue o Sol e reflete a luz dele.

Lago solar: Um grande lago de água salgada que usa o calor do Sol para transformar a água em vapor e movimentar uma turbina.

Megawatt (MW): 1 milhão de watts (o watt é uma unidade de energia). Um gigawatt corresponde a 1.000 MW.

Núcleo: a parte central de um átomo.

Radiação: energia liberada em ondas por partículas com muita energia. A radiação do Sol inclui raios de luz e ondas de calor infravermelho.

Renovável: algo que pode ser usado várias vezes sem acabar.

Torre de alta-tensão: uma elevada torre de metal que suporta cabos de alta voltagem.

Tubos solares: um sistema de aquecimento solar feito com dois tubos de vidro. O tubo escuro interno absorve calor do Sol e transfere-o para um sistema de água quente usando um fluido especial.

Turbina: uma máquina com pás rotativas.

Usina: local onde a eletricidade é gerada.

Vidro insulado: janelas com dois painéis de vidro que prendem o ar entre eles, reduzindo a quantidade de aquecimento perdida.

Fatos sobre a energia

As dez principais nações em energia solar

Os dados atualizados são de 2014 e listam os países de acordo com a capacidade de energia fotovoltaica instalada (em GW).

1. Alemanha – 35,5 GW
2. China – 18,3 GW
3. Itália – 17,6 GW
4. Japão – 13,6 GW
5. Estados Unidos – 12 GW
6. Espanha – 5,6 GW
7. França – 4,6 GW
8. Austrália – 3,3 GW
9. Bélgica – 3 GW
10. Reino Unido – 2,9 GW

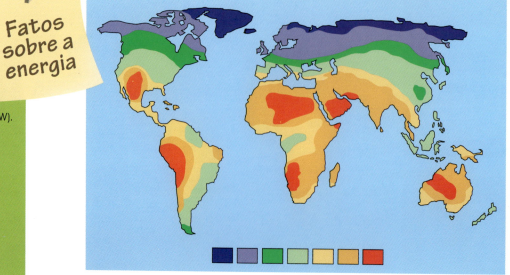

Mapa-múndi da energia solar
Este mapa mostra como os raios do Sol atingem de maneira desigual a Terra. As áreas vermelhas recebem a maior parte do Sol.

energia solar